Michael Dohmen und die

Jugendfeuerwehr Gangelt

Feuer und Flamme

Das Handbuch für die Jugendfeuerwehr

JUGENDVERSION

Impressum:

Michael Dohmen & Jugendfeuerwehr Gangelt
Feuer und Flamme (Jugendversion) – Das Handbuch für die
Jugendfeuerwehr
Herstellung und Verlag: BoD-Books on Demand, Norderstedt
1. Auflage 2017
© 2017 Michael Dohmen & Jugendfeuerwehr Gangelt
ISBN 9783743179813

Inhaltsverzeichnis

1. Einführung

1.1 Feuer

Feuer ist letztlich nur eine chemische Reaktion bei der Licht und Wärme freigesetzt wird.

Wir genießen das warme Lagerfeuer, mögen das Licht einer Kerze, kontrollieren das Feuer im Ofen und zünden große Feuer z.B. bei St. Martin an.
Feuer ist gut und wichtig, denn Feuer ermöglicht unser Leben. So wundert es nicht, dass unsere Kulturgeschichte mit der Beherrschung des Feuers beginnt.
Wir haben dem Feuer wirklich viel zu verdanken.

Aber Feuer kann auch zerstören.
In der Vergangenheit wurden ganze Städte Opfer von riesigen Feuern und noch heute sterben viele Menschen im Rauch oder erleiden schlimmste Verbrennungen.

Weil Feuer für uns so unterschiedlich sein kann, unterscheiden wir kontrolliertes und gewünschtes *Nutzfeuer* und unkontrolliertes *Schadfeuer*. Ein Schadfeuer nennen wir auch *Brand*.

1.2 Was ist zu tun, wenn es brennt?

Das Wichtigste ist, dass du **Ruhe** bewahrst. Panik ist in der Situation das Gefährlichste.
 Verschaffe dir einen Überblick über die Situation:
  - Was brennt?
  - Wer ist gefährdet?

Setze dann einen **Notruf** über die Telefonnummer 112 ab.
Bringe dich nun in Sicherheit und warne Menschen in deiner Umgebung. Wenn du Hilfe leisten kannst, ohne dich selbst zu gefährden, hilf deinen Mitmenschen. Wenn es nicht möglich ist, dann hilft die Feuerwehr. Sie ist schon unterwegs.

Schließe die Türen damit der Rauch sich nicht ausbreiten kann. Schließe die Türe niemals ab. Nutze Fluchtwege aber auf keinen Fall Aufzüge.

Warte auf die Feuerwehr und gib ihr alle wichtigen Informationen.

Wenn es sich um ein kleines Feuer handelt und du dich nicht selber gefährdest, kannst du vorsichtig einen Löschversuch unternehmen. Wichtig ist aber, dass die Feuerwehr informiert ist.

2. Die Feuerwehr

2.1 Organisation

Städte und Gemeinden sind verpflichtet eine leistungsfähige Feuerwehr zu organisieren. Bei übergeordneten Strukturen (Leitstellen) und beim Aufbau von Spezialeinheiten werden die Städte und Gemeinden unterstützt durch die Kreise und Länder.

Die Feuerwehr ist die Hilfsorganisation die bei Bränden und Notfällen Hilfe leistet.

Ihre Aufgaben fasst ihr Slogan zusammen:

retten, löschen, bergen, schützen

Feuerwehren unterscheiden sich in öffentliche und nicht öffentliche Feuerwehren.

Öffentliche Feuerwehr	Nicht öffentliche Feuerwehr
Berufsfeuerwehr	Werkfeuerwehr
Freiwillige Feuerwehr	Betriebsfeuerwehr
Pflichtfeuerwehr	

Berufsfeuerwehr:

Berufsfeuerwehren finden sich meist in großen Städten. Auf Grund der häufigen Notfälle, kann die Sicherheit nicht mehr alleine mit freiwilligen Kräften sichergestellt werden. Somit werden Frauen und Männer eingestellt, die den Feuerwehrdienst beruflich machen.

Freiwillige Feuerwehr:

Freiwillige Feuerwehren sind die häufigste Form der Feuerwehren in Deutschland. Der Dienst ist ehrenamtlich, das heißt, dass die Frauen und Männer den Dienst ohne Bezahlung verrichten.

Freiwillig heißt nicht, dass die Frauen und Männer selbst entscheiden, ob sie ihre Arbeit verrichten, denn die freiwilligen

Frauen und Männer sind zum Einsatz, zur Übung und Fortbildung verpflichtet.
Demzufolge sind der Eintritt und der Austritt in die Feuerwehr freiwillig, dazwischen gibt es aber die Pflicht.
Freiwillige Feuerwehren haben meist, neben der aktiven Einsatzabteilung, eine Jugendfeuerwehr und eine Ehrenabteilung, in der Einsatzkräfte nach ihrem aktiven Dienst aufgenommen werden.

Pflichtfeuerwehr:
Pflichtfeuerwehren sind die Ausnahme. Die Gemeinde verpflichtet Feuerwehrkräfte, wenn es nicht möglich ist, genügend Personal für eine leistungsfähige freiwillige Feuerwehr zu bekommen.

Werkfeuerwehr:
Werkfeuerwehren sind staatlich angeordnete Feuerwehren, die für ein Unternehmen arbeiten, dass ein hohes Brandrisiko hat. Das Personal besteht aus festen Mitarbeitern des Unternehmens.

Betriebsfeuerwehr:
Betriebsfeuerwehren sind nicht staatlich angeordnet. Das Personal engagiert sich freiwillig für den Brandschutz und die Sicherheit im Unternehmen.

2.2 Spezialeinheiten

Die Feuerwehr steht heute oft vor vielen Herausforderungen. Aus diesem Grund sind bei den Feuerwehren Spezialeinheiten notwendig. Die Spezialeinheiten richten sich nach dem Gefahrenpotential, welches in ihrem Einsatzgebiet zu erwarten ist.

Hier einige Beispiele:

<u>Sondereinheit für gefährliche Stoffe und Güter</u>
Die Männer und Frauen in dieser Spezialeinheit wurden
ausgebildet um Gefahren, die von gefährlichen Stoffen (z.B.
giftig, ätzend, radioaktiv) ausgehen, zu beseitigen.

<u>Sondereinheit Wasserrettung</u>
Die Wasserrettung der Feuerwehr arbeitet auf und unter dem
Wasser sowie im Uferbereich. Häufige Aufgaben sind das
Retten von Ertrinkenden, der Umweltschutz, das Suchen und
Bergen von Ertrunkenen und das Bergen von Gegenständen.

<u>Sondereinheit für Information und Kommunikation</u>
Besonders bei großen Einsatzstellen ist es wichtig, dass die
Kommunikation unter den Einsatzkräften gut organisiert ist,
damit alle wichtigen Informationen zusammen fließen.
Besonders ausgebildete Sprechfunker werden in dieser
Sondereinheit gebraucht.

<u>Sondereinheit für Höhenrettung</u>
Notfälle in großen Höhen (z.B. Hochhäuser, Windräder, Schornsteine) sind das Einsatzgebiet für die schwindelfreien Kräfte der Höhenrettung.

<u>Sondereinheiten für Tierrettung</u>
Natürlich sind es nicht immer kleine ängstliche Kätzchen die aus Bäumen gerettet werden müssen. Besonders wenn es um große (Pferde, Rinder) oder exotische Tiere (Schlangen, Krokodile, Spinnen) in Not geht, braucht es im Umgang mit Tieren besonders geschultes Personal.

<u>Sondereinheit für Psycho-soziale Unterstützung</u>
Einsatzkräfte sind oft auch besonderen psychischen Belastungen ausgesetzt. Damit sich belastende Bilder nicht festsetzen, helfen die Kräfte aus den psycho-sozialen-Unterstützungsteams. Die Einsatzkräfte haben meist eine psycho-soziale und / oder seelsorgerische Ausbildung.

<u>Sondergruppe Spielmannszug</u>

Manche Feuerwehr kann sich einer ganz besonderen Sondereinheit erfreuen: Dem Spielmannszug. Auf Festen, die auch zur Kameradschaftspflege dienen, spielen die Musiker. Damit halten sie eine besondere Tradition bei der Feuerwehr hoch.

3. Brennen und Löschen

3.1 Verbrennungsdreieck

Jede Verbrennung benötigt einen brennbaren Stoff, Sauerstoff, eine Zündtemperatur und das richtige Mengen- und Mischungsverhältnis.

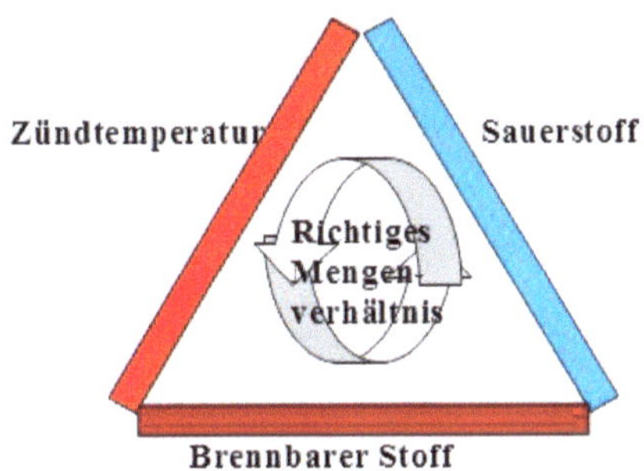

3.2 Brandklassen

Wir unterteilen brennbare Stoffe in Brandklassen. Verschiedene Stoffe, die einer gemeinsamen Brandklasse angehören, können meist mit dem gleichen Löschmittel gelöscht werden.

Brandklasse	Symbol	Brandstoff	Erscheinungsbild	Beispiele
A		feste, nicht-schmelzende Stoffe	Glut und Flammen	Holz, Papier, Textilien, Kohle, nichtschmelzende Kunststoffe
B		Flüssigkeiten, schmelzende feste Stoffe	Flammen	Lösungsmittel, Öle, Wachse, schmelzende Kunststoffe
C		Gase	Flammen	Propan, Butan, Acetylen, Erdgas, Methan, Wasserstoff
D		Metalle	Glut	Natrium, Magnesium, Aluminium
F		Speisefette und -öle in Frittier- und Fettbackgeräten	Flammen	Speisefett Speiseöl

3.3 Wirkung von Löschmitteln

Löschmittel Wasser:
Beim Löschen mit Wasser kühlen wir den brennbaren Stoff. Ist
der brennbare Stoff abgekühlt, so haben wir die Zündtemperatur
aus dem Verbrennungsdreieck genommen.

Löschmittel Schaum:
Schwerschaum hat eine leicht kühlende Wirkung. Der
wesentliche Löscheffekt von Schaum besteht jedoch darin, dass
der brennbare Stoff durch den Schaum vom notwendigen
Sauerstoff getrennt wird.

Löschmittel CO_2:
CO_2 verdrängt den Sauerstoff. Er hat somit eine erstickende
Wirkung.

Löschmittel Pulver:
Das Löschpulver greift in die chemische Reaktion der
Verbrennung ein, indem sich das Pulver um das brennbare
Material legt (Sinterschicht). Somit ist das brennbare Material
vom Sauerstoff getrennt. Gleichzeitig bindet es die freien
Verbrennungsradikalen.

4. Grundtätigkeiten der Feuerwehr

Viele Tätigkeiten bei der Feuerwehr kommen fast in jedem Einsatz vor. Diese Tätigkeiten bezeichnen wir als Grundtätigkeiten. Diese Grundtätigkeiten sind in der Feuerwehrdienstvorschrift (FWDV) 1 beschrieben. Wesentliche Grundtätigkeiten vollziehen auch die Mitglieder der Jugendfeuerwehr in Übungen und Wettstreiten.

4.1 Auslegen von Druckschläuchen:

- Angriffsleitungen werden grundsätzlich von der Einsatzstelle zum Verteiler gelegt.
  Da der Trupp, für den die Schlauchleitung verlegt wird, in der Regel weiß, wo der Angriff stattzufinden hat.

  (Der Trupp, für den die Leitung verlegt wird, kann somit beginnen Schlauchreserven zu legen und kann das Rohr ankuppeln, d.h. Zeitersparnis.)
- Legt jedoch ein Trupp für sich selbst die Leitung, dann beginnt er am Verteiler (Denn: Zeit und Wegersparnis.)
- Der Truppführer wirft den ersten Schlauch. Er gibt damit die Richtung vor.
- B-Schläuche werden grundsätzlich zu zweit gekuppelt.
- C-Schläuche können alleine gekuppelt werden.
- Ggf. sind Schläuche gegen weg- und abrutschen mittels Feuerwehrleine zu sichern.
- Möglichkeiten der Über- oder Unterführung sind zu nutzen.
- Es ist auf genügend Schlauchreserve zu achten.
- Druckschläuche sind im Verkehrsbereich durch Schlauchbrücken zu sichern.

4.2 Zurücknehmen von Druckschläuchen:

- Die Schlauchleitung ist an geeigneten Stellen zu entkuppeln. (Glatteisgefahr vermeiden, Wasserschaden verhindern)

- Entwässerung des Schlauches.
- Der Druckschlauch wird bei der Zurücknahme in Buchten über die Schulter gelegt. Die Kupplungen nach vorne (Verletzungsgefahr).

4.3 Grundsätze zum Verteiler

- Der Verteiler wird an befohlener Stelle abgesetzt. Diese Stelle sollte außerhalb des Gefahrenbereiches sein.
- An der B-Kupplung wird grundsätzlich zu zweit gekuppelt.
- Das erste C- Rohr wird links, das zweite rechts und das dritte C-Rohr, bzw. Sonderrohre, in der Mitte angekuppelt.

4.4 Grundsätze bei der Vornahme von Strahlrohren
Wir unterscheiden B, C, D- Strahlrohre und Hohlstrahlrohre.

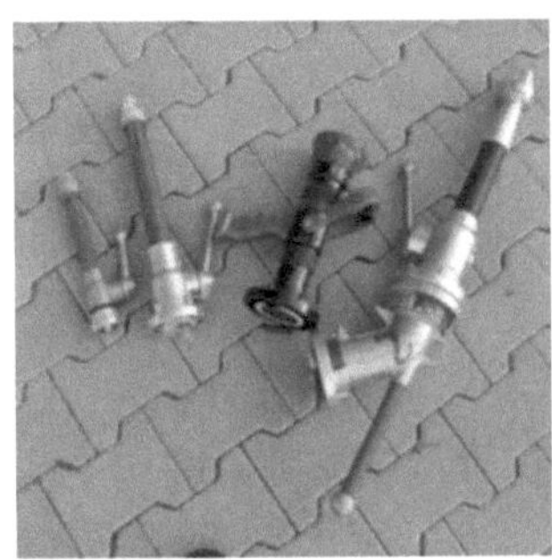

- Bei der Vornahme eines C-Rohrs kuppelt der Truppmann und der Truppführer stellt genügend Schlauchreserve her.
- Bei B-Rohren kuppeln Truppmann und –führer gemeinsam Strahlrohr und Stützkrümmer.
- Das B-Rohr ohne Stützkrümmer muss mind. von drei Personen gehalten werden.
- Das B-Rohr mit Stützkrümmer muss mind. von zwei Personen gehalten werden.

4.5 Grundsätze beim Schaumangriff

- Der Truppmann kuppelt und hält das Schaumrohr. Der Führer sichert Schlauchreserve und unterstützt den Mann.
- Der Zumischer wird in Pfeilrichtung angeschlossen.

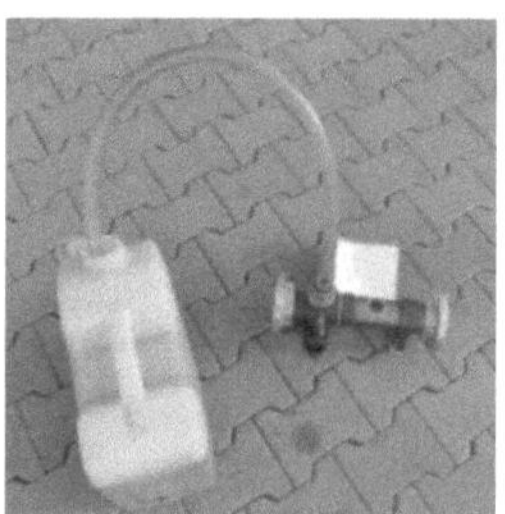

4.6 Grundsätze beim Schnellangriff

- Der Schnellangriff ist für kleinere überschaubare Einsatzstellen gedacht, d.h., wenn nur ein Rohr vorgenommen wird (z.B. Containerbrand).
- Den Schnellangriff niemals im Innenangriff einsetzen!

4.7 Grundsätze beim Einsatz des Feuerlöschers

- Feuerlöscher sind ideal bei Entstehungsbränden.
- Feuerlöscher sind unter Beachtung der Brandklassen und Warnhinweise einzusetzen.

- immer mit dem Wind löschen
- nicht in die Flammen spritzen, sondern von unten in die Glut
- ausreichend Abstand halten, damit die Pulverwolke möglichst den gesamten Brand einhüllt
- stoßweise löschen

- Flächenbrände von vorne und von unten löschen
- Löschvorgang auf das Brandgut konzentrieren, nicht auf die Flammen

- Tropf- oder Fließbrände von der Austrittstelle zur brennenden Lache hin löschen

- größere Brände immer mit mehreren Feuerlöschern bekämpfen
- die Feuerlöscher gleichzeitig und nicht nacheinander einsetzen

- nach dem Löschen die Brandstelle nicht verlassen, sondern aufmerksam beobachten, um Rückzündungen rechtzeitig zu erkennen

- stelle sicher, dass der/die eingesetzten Feuerlöscher nach dem Einsatz wieder aufgefüllt werden und voll funktionsfähig wieder an dem gewohnten Standort platziert werden

4.8 Grundsätze beim Einsatz mit tragbaren Leitern

- Beim Aufstellen von tragbaren Leitern ist auf einen festen Untergrund zu achten.
- Die Leiter steht in einem ca. 75° Winkel.
- Die Leiter ist gegen Wegrutschen zu sichern.
- Beim Besteigen hält man sich an den Sprossen und nicht an den Holmen fest.
- Beim Übersteigen einer Leiter müssen mindestens drei Sprossen über dem zu besteigenden Hindernis sein.
- Tragbare Leitern werden nur von einer Person pro Leiterteil bestiegen.
- Niemals einen Löscheinsatz von der Leiter aus vornehmen.
- Notwendige Geräte und Gegenstände werden, nachdem man die Leiter verlassen und einen sicheren Stand hat, mittels Feuerwehrleinen nachgezogen.

Aufstellen einer Schiebleiter

Ablauf Aufstellen einer Schiebleiter:

1. Die Leiter wird mit dem Leiterfuß am Gebäude abgelegt.

2.+ 3. Die Stützstangen werden gelöst und die Leiter angehoben.

4. Der Leiterfuß wird vom Haus weggezogen.

5. Leiter ausfahren (Wenn ein Übersteigen notwendig ist, müssen drei Sprossen Überstand vorhanden sein).

6. Leiter mit Mastwurf sichern.

7. Korrekter Anstellwinkel überprüfen.

8. Gesicherte Leiter besteigen.

Aufstellen der Steckleiter

4.9 Aufbau einer Wasserversorgung

4.9.1 Wasserversorgung vom Unterflurhydrant

Zunächst sucht man einen Hydranten. Dabei hilft ein Hydrantenschild.

150 = 150 mm Durchmesser der Wasserleitung .

H = Hydrant

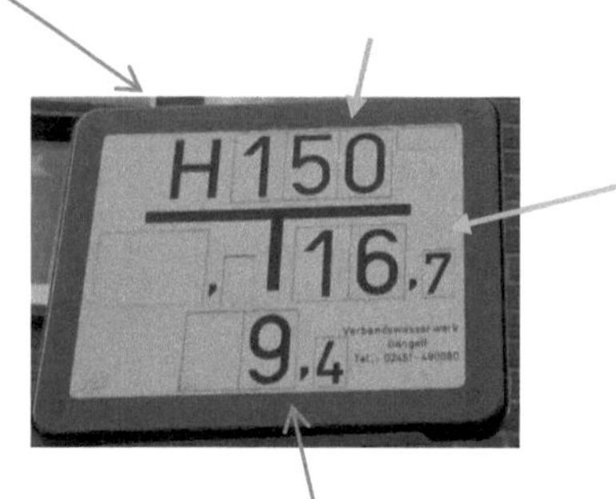

16,7 = Seitliche Entfernung des Hydranten vom Schild in Metern. Hier:
16, 7 Meter nach rechts

9,4 = Entfernung des Hydranten vom Schild in Richtung Straßenmitte.
Hier: 9,4 Meter zurück

Faustformel: Durchmesser der Wasserleitung x 10 = Wassermenge in Liter pro Minute.
(Hier: 150 x 10 = 1500 Liter Wasser pro Minute)

Der Deckel eines Unterflurhydranten.

Ein Hydrant sollte niemals zugeparkt werden. Gut ist, wenn Anwohner ihn im Winter von Eis und Schnee frei halten.
Um ihn zu lockern, wird zunächst mit dem Hydrantenschlüssel einige Male auf die ovale Straßenkappe geklopft. Anschließend öffnet man die Straßenkappe, indem man den Hydrantenschlüssel in den Aushebesteg der Straßenkappe setzt, ihn aufhebelt und zur Seite wegdreht.

Die Klaue und der Klauendeckel werden ggf. von Schmutz befreit und der Klauendeckel wird abgenommen. Danach setzt man das Standrohr mit heruntergedrehter Klauenmutter in die Klaue und dreht es fest.

Nach unten
gedrehte
Klauenmutter

Öffne leicht ein Niederschraubventil am Standrohr, so dass Luft
entweichen kann.
Mit dem Hydrantenschlüssel am Hydrantenvierkant langsam
drehen und mit dem ausströmenden Wasser zunächst Hydrant
und Rohr spülen.
Zum Schluss werden die B-Schläuche angeschlossen.

4.9.2 Wasserversorgung vom Überflurhydrant

Die Wasserentnahme vom Überflurhydranten hat einige Vorteile:
-    Waserentnahme geht schneller (kein Standrohr setzen)
-    leichter (auch bei Dunkelheit und Schnee) aufzufinden
-    kann nicht zu geparkt sein
-    Wasserförderung ist höher

Faustformel: Mindestens 12 x Durchmesser der Leitung = Liter in der Minute
Maximal 15 x Durchmesser der Leitung = Liter in der Minute
Beispiel: Durchmesser der Leitung 100 mm = 1200 – 1500 Liter in der Minute

Nachteile sind, die höheren Kosten bei der Anschaffung und Wartung.

An einem Hydranten darf niemals gesaugt werden. (Der A-Anschluss ist nicht für A-Saugschläuche gedacht.)

Wir unterscheiden bei Überflurhydranten den Hydranten mit Fallhaube und ohne Fallhaube.

Nachfolgend wird die Inbetriebnahme des Überflurhydranten mit Fallhaube beschrieben.

Mit dem Dreikant wird im Haubendeckel der Dreikant aufgedreht. Der Fallmantel fällt hinunter und die Kupplungsanschlüsse und Niederschraubventile liegen frei.

Durch das Linksdrehen des Haubendeckels wird der Hydrant geöffnet. Vor dem Betrieb den Hydranten kurz spülen.

4.10 Knoten und Stiche

Zum Festlegen (Anschlagen) der Feuerwehrleine an einem Gegenstand und zur Verbindung verschiedener Gegenstände sind Knoten und Stiche unverzichtbar.

4.10.1 Mastwurf

Der Mastwurf dient zur Verbindung der Feuerwehrleine mit Gegenständen.

Mastwurf gelegt:

Mastwurf gestochen:

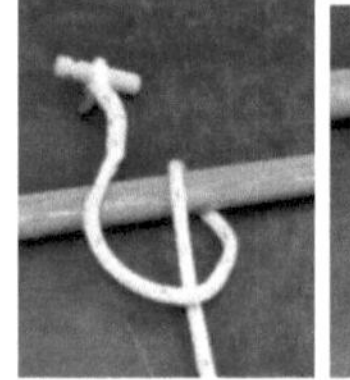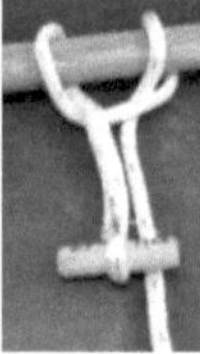

4.10.2 Doppelter Ankerstich

Wie auch der Mastwurf, dient der Ankerstich dem Verbinden von Gegenständen mit der Feuerwehrleine. Er wird oft beim Hochziehen von Schlauchleitungen, Äxten und anderen Geräten gebraucht.

Doppelter Ankerstich gestochen

4.10.3 Spierenstich

Der Spierenstich ist der Sicherungsknoten und wird nach jedem Knoten gemacht.

4.10.4 Zimmermannsstich

Der Zimmermannsschlag dient zum Befestigen der Mehrzweckleine am Saugkorb, an Pfählen, Stämmen und Baukonstruktionen. Er kann zum Hochziehen von Rundhölzern und Balken verwendet werden.

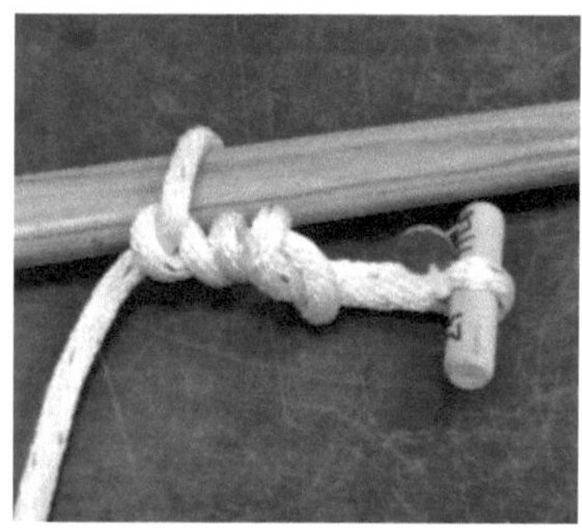

4.10.5 Schotenstich

Der Schotenstich dient zum Verbinden zweier gleicher oder ungleicher Leinen miteinander.

Schotenstich ohne Aufzugschlaufe

Schotenstich mit Aufzugsschlaufe

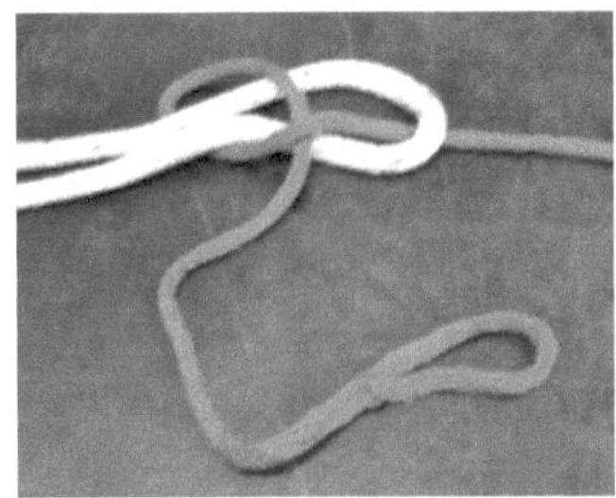 

4.10.6 Kreuzknoten

Der Kreuzknoten ist kein Feuerwehrknoten mehr. Er fand lange Zeit Verwendung, wenn zwei gleich dicke Leinen miteinander verbunden werden mussten. Heute ist er durch den Schotenstich abgelöst.

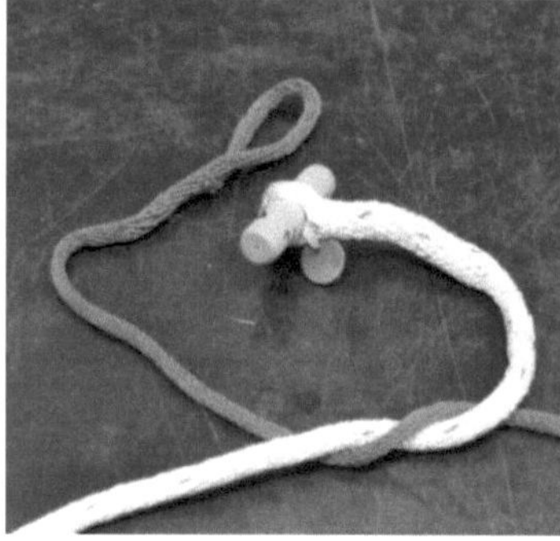

4.10.7 Pfahlstich

Der Pfahlstich dient zur Befestigung der Feuerwehrleine an Pfählen, Ringen oder anderen Bauteilen. Er wird immer dann angewendet, wenn Gegenstände nicht durch eine sich zu ziehende Schlinge umschlossen werden sollen.
Der Pfahlstich eignet sich besonders zur Rettung und Sicherung von Menschen (Rettungsknoten).

Der Pfahlstich als Rettungsknoten

4.10.8 Achterknoten

Der Achterknoten dient zum Befestigen und Abseilen von Gegenständen und Personen.

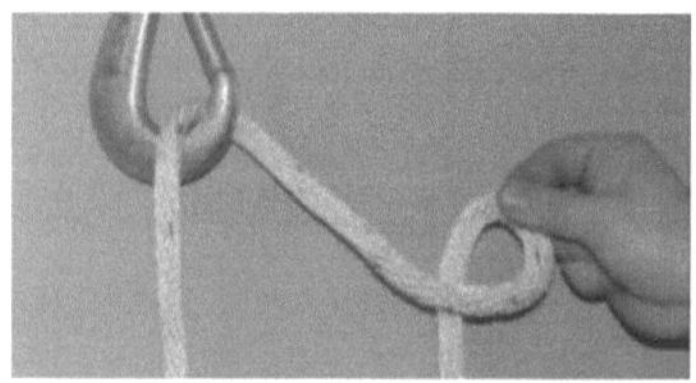

4.10.9 Halbmastwurf

Der Halbmastwurf ermöglicht ein kontrolliertes Einholen und Ausgeben der Leine, um eine Person zu sichern oder abzulassen. Der Halbmastwurf ist ein nicht schließender Knoten. Die Leine wird um einen Verschlusskarabiner gelegt.

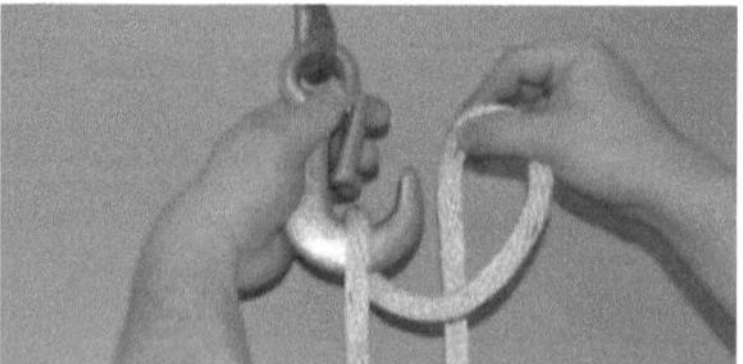

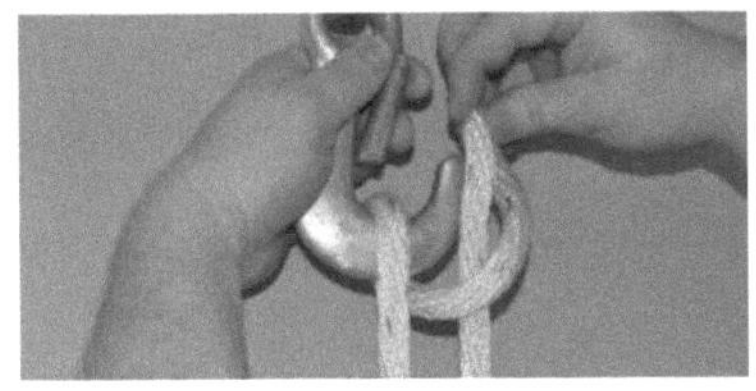

4.11 Sprechfunken

Bei der Feuerwehr unterscheiden wir in Analogfunk und Digitalfunk.

4.11.1 Analogfunk

Beim Analogfunk wird zwischen zwei Bandarten unterschieden.
- 2-Meter-Band Funk
- 4-Meter-Band Funk

Zwei-Meter-Band
Der Zwei-Meter-Band Funk ist der Einsatzstellenfunk. Er hat nur eine geringe Reichweite (ca. ein Kilometer)

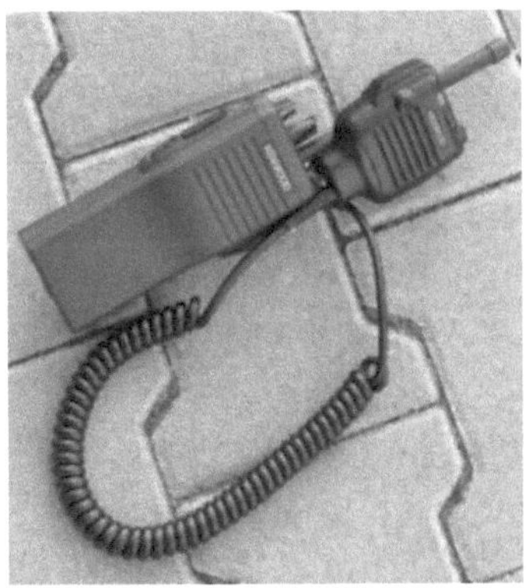

Vier-Meter-Band
Der 4-Meter-Band Funk hat eine größere Reichweite. Mit ihm können Fahrzeuge miteinander oder mit der Leitstelle kommunizieren.

4.11.2 Digitalfunk

Der Digitalfunk wird immer weiter ausgebaut und verdrängt immer mehr den analogen Funk.

Vorteile:

- Der Digitalfunk kann verschlüsselt werden und ist somit sicherer als der Analogfunk.
- Bundesweite Funkreichweite im TMO-Bereich.

Nachteile:

- etwas Längere Aufbauzeiten für ein Gespräch.
- Es gibt nur „Empfang" oder „kein Empfang". (Ein „schlechter Empfang" mit Rauschen, der besser wäre als „kein Empfang", ist nicht möglich.)

Beim Digitalfunken unterscheidet man in

- DMO (Direct Mode Operation) und
- TMO (Trunked Mode Operation)

Der DMO ist gewöhnlich der Einsatzstellenfunk. Hierbei können zwei oder mehr Funkgeräte ohne Basisstation miteinander kommunizieren.

Im TMO arbeiten die Funkgeräte nicht mehr direkt miteinander, sondern benötigen eine oder mehrere Basisstationen. Die Funktion ist ähnlich wie beim Mobilfunknetz. Im TMO-Betrieb sind lange Funkwege möglich. Es ist die ideale Funkverbindung zwischen verschiedenen Fahrzeugen, bzw. zur Leitstelle.

4.11.3 Status

Um den Funk kurz zu fassen wurden häufig gefunkte Inhalte nummeriert. Diese Nummer wird als Status gefunkt.

Status 1:   Einsatzbereit über Funk
Status 2:   Einsatzbereit am Gerätehaus (Funk ausgeschaltet)
Status 3:   Ausgerückt zum Einsatzort
Status 4:   Am Einsatzort eingetroffen
Status 5:   Sprechwunsch

Ein von der Leitstelle gesendetes „J" bedeutet die Aufforderung zu sprechen.

4.11.4 Funkdisziplin

Beim Funken gilt das Einhalten der Funkdisziplin. Das heißt insbesondere, das

- keine laufenden Gespräche unterbrochen werden,
- keine Beschimpfungen stattfinden,
- keine Höflichkeitsformen (wie z.B. „Sie", „bitte") genutzt werden,
- keine Abkürzungen genutzt werden, es sei denn sie sind bekannt (z.B. TLF), und
- dass sich der Sprechende bemüht kurz und verständlich zu sprechen.

4.11.5 Funkrufnamen

Jedes Fahrzeug hat einen Funkrufnamen, dieser setzt sich aus

dem Kennwort für die Organisation +
der Stadt / Gemeinde +
einer Zahl für den Zug +
einer Zahl für die Löscheinheit +
der Typbezeichnung des Fahrzeugs

zusammen.

z.B.: Florian Gangelt 21 HLF 10

- Florian ist das Kennwort für die Feuerwehr.
- Gangelt ist der Name der Gemeinde.
- Die Zahl 2 sagt, dass das Fahrzeug zum Zug 2 gehört (Der Zug 2 besteht aus den Löscheinheiten: 1. Birgden, 2. Kreuzrath, 3. Schierwaldenrath).
- Die Zahl 1 sagt, dass es zur 1. Löscheinheit im Zug 2 zählt, also Birgden.
- Beim Fahrzeugtypen handelt es sich um ein HLF 10.

4.11.6 Funkalphabet

Schwierige Worte werden mit dem Funkalphabet buchstabiert.

A	Anton	J	Julius	S	Samuel		
B	Berta	K	Kaufmann	T	Theodor		
C	Cäsar	L	Ludwig	U	Ulrich		
D	Dora	M	Martha	V	Viktor	CH	Charlotte
E	Emil	N	Nordpol	W	Wilhelm	SCH	Schule
F	Friedrich	O	Otto	X	Xanthippe	Ä	Ärger
G	Gustav	P	Paula	Y	Ypsilon	Ü	Übermut
H	Heinrich	Q	Quelle	Z	Zacharias	Ö	Ödipus
I	Ida	R	Richard	Doppelbuchstaben: werden mit Doppel eingeleitet (z.B: Doppel Samuel)				

5. Einheiten im Einsatz

Die Aufgaben und Tätigkeiten bei Lösch- und technischen Hilfeleistungseinsätzen sind in der Feuerwehrdienstvorschrift (FWDV) 3 beschrieben.

5.1 Einheiten:

Die Feuerwehrmannschaft gliedert sich in folgende Einheiten:

- Selbständiger Trupp (1/2/<u>3</u>)
- Staffel (1/5/<u>6)</u>
- Gruppe (1/8/<u>9</u>)
- Zug (1/3/18/<u>22</u>) bzw. (1/4/17/<u>22</u>) bzw. (1/5/16/<u>22)</u>

Die Gruppe ist die taktische Grundeinheit der Feuerwehr. Sie ist die kleinste taktische Einheit, die zur Erfüllung der Ersteinsatzmaßnahmen notwendig ist.

5.2 Sitzordnungen:

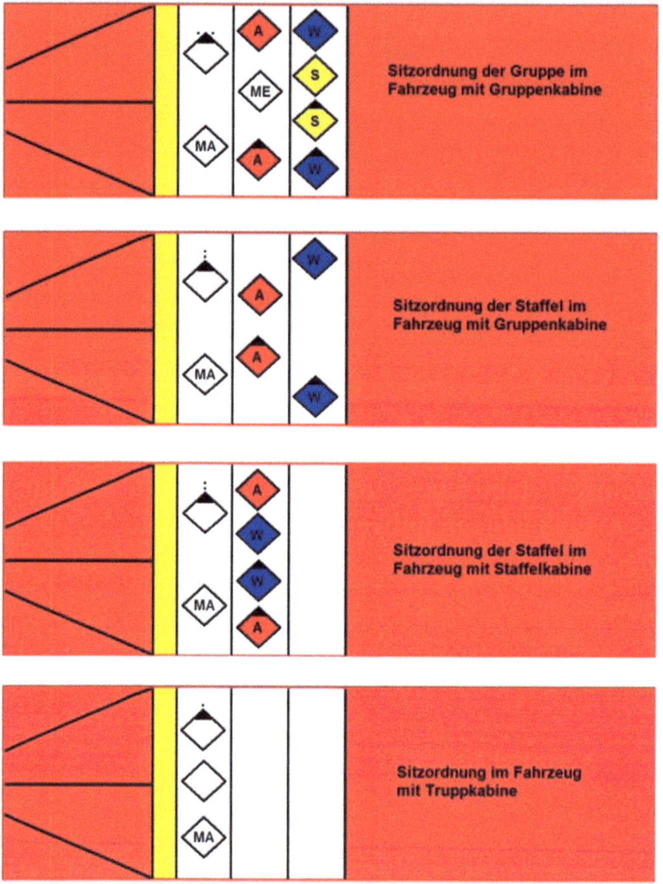

Merksatz für die Gruppe:

Alle **m**eiden **A**temgifte.
Wasser **s**ucht **s**einen **W**eg.

Merksatz für die Staffel:

Alle **w**ollen **w**ir **a**ngreifen

5.3 Antreten hinter dem Fahrzeug:

Die Gruppe steht nach dem Absitzen ca. zwei Meter hinter dem Fahrzeug und wartet auf den Befehl des Gruppenführers. Die Gruppe tritt dabei in folgender Ordnung an.

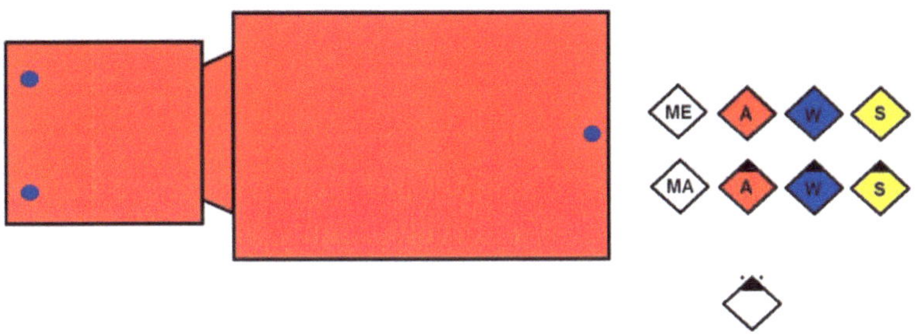

5.4 Aufgabenverteilung in der Gruppe

Die Aufgaben im Einsatz sind genau verteilt, damit jeder weiß, was er zu tun hat und die Gruppe „Hand in Hand" arbeiten kann.

Der Einheitsführer (hier: Gruppenführer)
Der Einheitsführer führt seine taktische Einheit. Er ist an keinem bestimmten Platz gebunden. Er ist für die Sicherheit der Mannschaft verantwortlich. Er bestimmt die Fahrzeugaufstellung und ggf. den Standort der Tragkraftspritze (TS).

Der Maschinist
Der Maschinist ist Fahrer und bedient die Feuerlöschkreiselpumpe sowie die eingebauten Aggregate. Er sichert die Einsatzstelle mit Blaulicht und Warnblinklicht. Er unterstützt bei der Entnahme und dem Verlasten der Geräte. Mängel meldet er der Einsatzführung. Er unterstützt beim Aufbau der Wasserversorgung.

Der Melder

Der Melder übernimmt die ihm befohlenen Aufgaben. Er ist sozusagen der „Libero" vom Gruppenführer.

Der Angriffstrupp

Der Angriffstrupp rettet. Er nimmt in der Regel das erste einzusetzende Strahlrohr vor. Der Angriffstrupp setzt den Verteiler.

Der Wassertrupp

Der Wassertrupp rettet. Er bringt auf Befehl tragbare Leitern in Stellung. Er stellt die Wasserversorgung vom Löschfahrzeug zum Verteiler und zwischen Löschfahrzeug und Wasserentnahmestelle her. Er kuppelt die B-Leitung an den Verteiler an. Danach wird er beim Atemschutzeinsatz zum Sicherheitstrupp oder übernimmt andere ihm befohlene Aufgaben.

Der Schlauchtrupp

Der Schlauchtrupp rettet. Er stellt für vorgehende Trupps die Wasserversorgung zwischen Strahlrohr und Verteiler her. Er bringt auf Befehl tragbare Leitern in Stellung und führt weitere Tätigkeiten aus wie z.B. die Bedienung des Verteilers oder die Beschaffung zusätzlicher Geräte. Hat der Schlauchtrupp keine besonderen Aufgaben, kann er, wie der Melder, frei eingesetzt werden.

5.5 Einsatzbefehl:

Der Einsatzbefehl folgt einem immer gleichen Schema, das alle wesentlichen Punkte erfassen soll:

Lagebeschreibung
Wasserentnahmestelle
Lage des Verteilers
Einheit
Auftrag
Mittel
Ziel
Weg

vor!

5.6 Einsatzgrundsätze:

Einsatzgrundsätze gelten grundsätzlich, sie vereinfachen die Arbeit und schützen die Einsatzkräfte.

- Die Funktion des Angrifftrupps und des Wassertrupps bleibt in der Regel Atemschutzgeräteträgern vorbehalten.
- Der Trupp geht grundsätzlich gemeinsam vor!
- Einsatzbefehle werden wiederholt.
- Bei Löschfahrzeugen mit Wassertank wird zuerst die Leitung „Pumpe – Verteiler" und dann „Pumpe – Wasserentnahmestelle" gelegt.
- Der Angriffstrupp setzt den Verteiler.
- Trupps, die ihre Arbeit erledigt haben, melden sich beim Einheitsführer.
- Bemerkt eine Einsatzkraft eine besondere Gefahr (z.B. Explosion oder Einsturz) und ist ein sofortiges In-Sicherheit-Bringen notwendig. Gibt die Einsatzkraft das Kommando:
  „Gefahr – Alle sofort zurück." Jede Einsatzkraft gibt dieses Kommando weiter. Alle gehen zurück und sammeln sich am Feuerwehrfahrzeug. Der Einsatzführer überprüft die Vollzähligkeit der Mannschaft und trifft weitere Maßnahmen.

5.7 FWDV 3 Skizze zum Einsatz ohne Bereitstellung vom offenen Gewässer mit drei Rohren

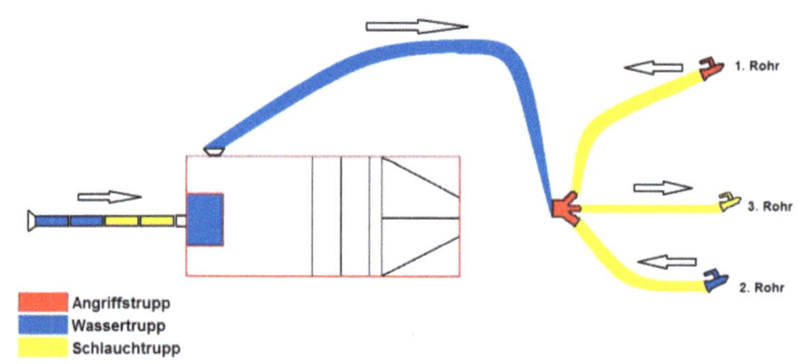

5.8 FWDV 3 Skizze zum Einsatz ohne Bereitstellung mit einem wasserführenden Fahrzeug mit drei C Rohren.

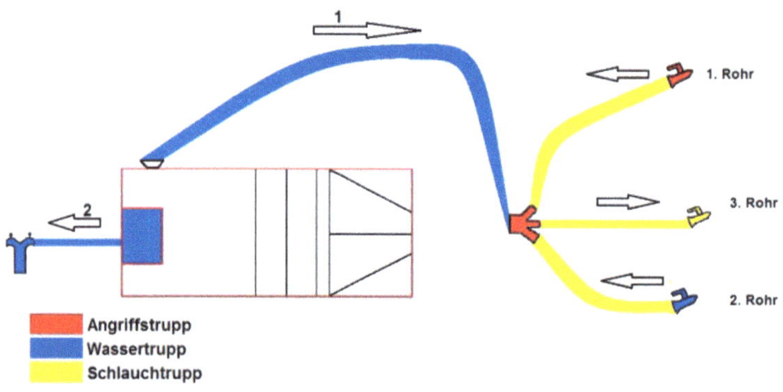

6. Erste Hilfe

6.1 Rettungskette

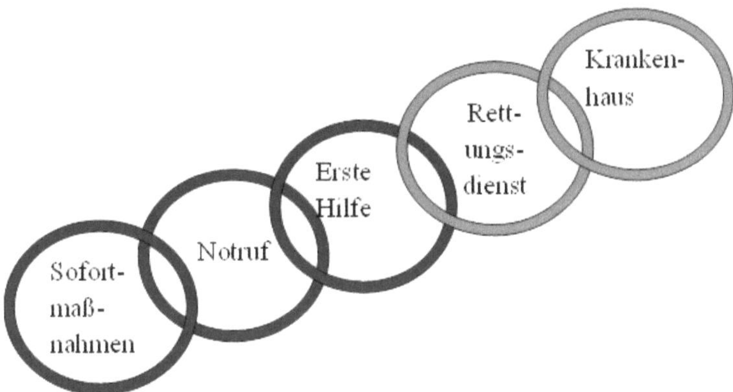

Die Rettungskette erklärt den Ablauf eines Notfalls. In dieser Reihenfolge sollten wir immer einen Notfall abarbeiten. Bei den ersten drei Gliedern der Rettungskette sind Ersthelfer besonders wichtig. Ob ein Mensch überlebt, hängt oft von den ersten Maßnahmen ab.

6.2 Sofortmaßnahmen

Jeder Mensch ist zur Hilfeleistung im Notfall verpflichtet. Auch wenn man selber in bestimmten Situationen kaum helfen kann, kann man Hilfe rufen.

Doch bevor wir helfen, müssen wir auf unsere eigene Sicherheit achten. Es hilft niemanden, wenn wir uns verletzen und anschließend selber Hilfe benötigen. Aus diesem Grund ist es eine Sofortmaßnahme auf die eigene Sicherheit zu achten. Beispielsweise müssen wir bei Stromunfällen zuerst den Strom abschalten. Oder wir ziehen Verletzte auf den sicheren Gehweg, um selbst nicht von Autos angefahren zu werden. Auch Warnwesten und Handschuhe schützen uns.

Nachdem unsere eigene Sicherheit gewährleistet ist, versuchen wir heraus zu finden, was dem Verletzten geschehen ist, dafür gibt es die GABI- Regel:

G = Gibt er / sie Antwort? (Überprüfung der Bewusstseinslage)
A = Atmet er /sie? (Überprüfung der Atmung)
B = Blutet er /sie? (Überprüfung des Kreislaufes)
I = Ist sonst alles in Ordnung? (Untersuchung auf weitere Verletzungen)

Mit den Informationen aus der GABI – Regel wählen wir nun die Notrufnummer: 112

6.3 Der Notruf

Ein Notruf ist kostenlos und kann mit dem Telefon oder an einer Notrufsäule abgesetzt werden. Ein Missbrauch ist nicht nur strafbar, sondern außerdem sehr gefährlich. Denn ein aus „Spaß" abgesetzter Notruf kann dazu führen, dass bei einem echten Notfall der Arzt zu spät ankommt.

Fünf wichtige Informationen teilen wir bei einem Notruf mit:

Die fünf Ws des Notrufes:

Wo	ist
Was	passiert
Wie viele	Verletzte haben
Welche	Verletzungen.
Warten	auf Rückfragen

die Rettungsleitstelle beendet das Gespräch.

6.4 Erste Hilfe

a) Die stabile Seitenlage:
Die stabile Seitenlage ist für bewusstlose Verletzte, die noch selber atmen, geeignet.
Menschen in der stabilen Seitenlage müssen wir immer weiter beobachten.
Die stabile Seitenlage sorgt dafür, dass der Verletzte nicht erstickt, falls er erbricht.

Stabile Seitenlage

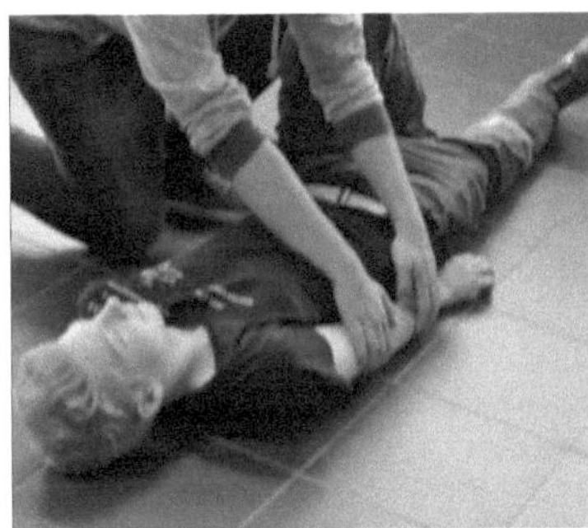
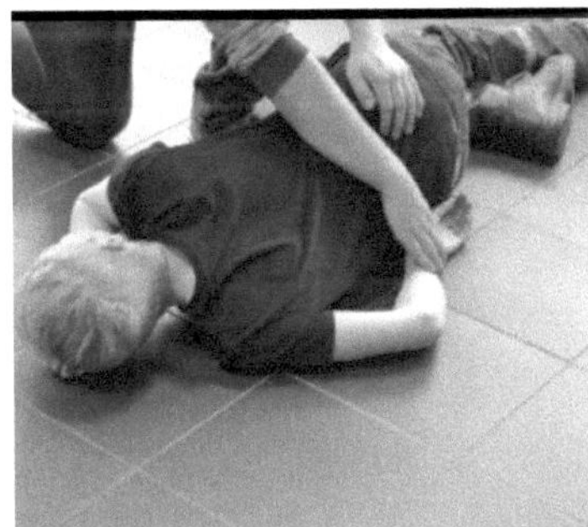

b) Schock

Mit einem Schock ist bei fast allen Verletzungen zu rechnen. Oft haben diese Personen eine blasse Haut, sie schwitzen, ihr Herz schlägt schneller, ihre Atmung ist schneller, sie sind unruhig oder sie werden müde (gähnen).

Wichtig ist dann, dass wir die **Person beruhigen, Blutungen stillen** und sie in die **Schocklage** bringen.

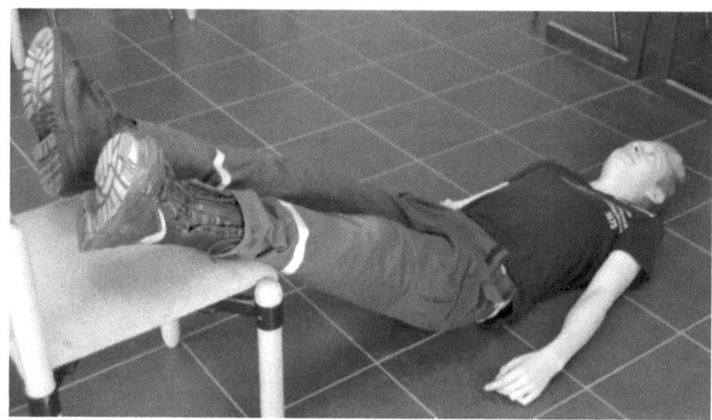

Die Schocklage wenden wir nicht an, wenn **die 7- B-Regel** gilt, das heißt:

Keine Schocklage bei Verletzungen im Bereich

der	**Bi**rne, also des Kopfes,
der	**B**rust,
des	**B**auches,
des	**B**eckens,
der	**B**eine, sowie bei
	Bibbern, also Unterkühlung, und
	Bewusstlosigkeit.

c) Knochenbrüche, Muskel- und Gelenkverletzungen

Bei Knochenbrüchen müssen zuerst, falls vorhanden, Blutungen gestoppt werden. Danach gilt bei Knochenbrüchen, Muskel- und Gelenkverletzungen die PECH-Regel. Das heißt:

P	=	Pause machen
E	=	Eis – Kühlen, um eine Schwellung zu vermeiden.
C	=	Compression – um eine Schwellung zu Vermeiden.
H	=	Hochhalten – zur Entlastung des Gelenks.

Niemals werden Bewegungs- oder gar Einrenkversuche unternommen.

d) Druckverband

Einen Druckverband legen wir an, um eine starke Blutung zu stoppen.

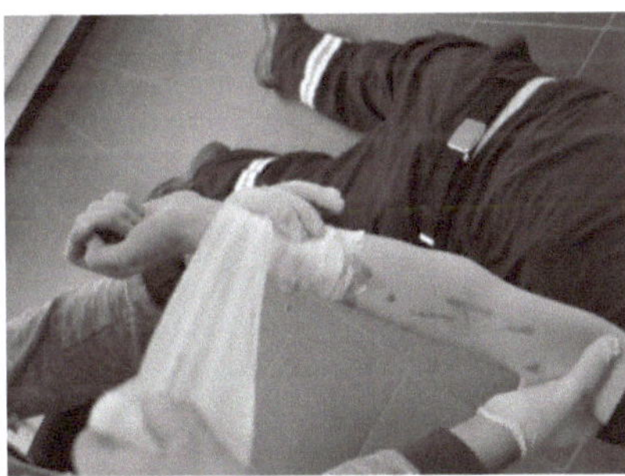
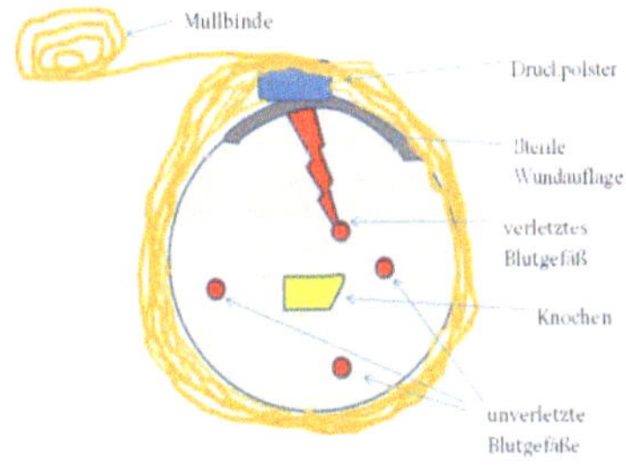

e) Verbrennungen

Bei Verbrennungen gilt die „3 x 15 Regel":

Innerhalb von 15 Minuten sollte eine Kühlung mit
ca. 15° C kühlen Wasser
für mindestens 15 Minuten stattfinden.

f) Herz-Lungen-Wiederbelebung

Die Herz-Lungen Wiederbelebung ist nötig, wenn weder Puls noch Atmung vorhanden ist. Zuerst machen wir den **lebensrettenden Handgriff**, dabei wird der Kopf überstreckt und der Mund des Patienten geschlossen.

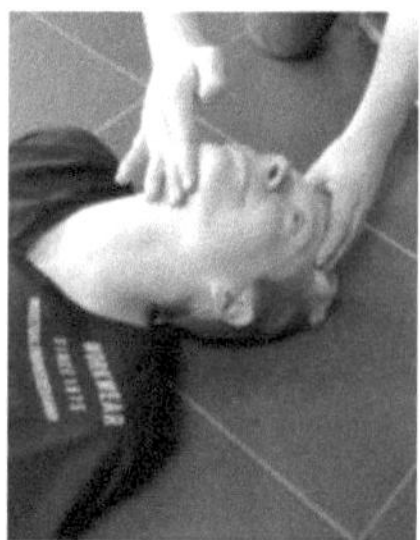

Wir beatmen den Patienten zweimal.
Anschließend suchen wir auf der Brust den Druckpunkt und drücken diesen 15mal.

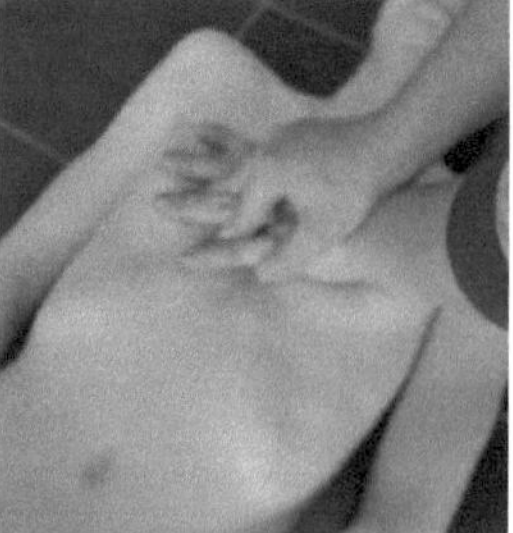

Wir wiederholen diese Maßnahme bis der Notarzt vor Ort ist. Deswegen ist es sinnvoll, diese Maßnahme zu zweit durchzuführen.

7. Gefährliche Stoffe

Gefährliche Stoffe gibt es viele. Sie werden z.B. auf der Straße transportiert, in Hallen gelagert oder im Haushalt verwendet.

7.1 Gefahrensymbole

Um uns vor Gefahren zu warnen, müssen Behälter, in denen Chemikalien aufbewahrt werden, Gefahrensymbole haben. Die Gefahrensymbole zeigen, welche Gefahr vom Stoff ausgeht.

Pikto-gramm nach GHS	Gefahr
	explosiv
	entzündlich
	brandfördernd
	Komprimiertes (unter Druck stehendes) Gas
	Ätzend
	Gefahr (Giftig)
	Achtung (Gesundheits-schädlich)
	Gesundheitsgefahr
	Umweltgefahr

7.2 Verbots- und Hinweisschilder

Um die oben beschriebenen Gefahren im Umgang mit
gefährlichen Stoffen zu minimieren, gibt es zusätzlich Verbots-
und Hinweisschilder.

Verbot

Rauchen verboten

Feuer, offenes Licht und
Rauchen verboten

Allgemeines
Gebotszeichen

Augenschutz
benutzen

Schutzhelm
benutzen

Für Fußgänger
verboten

Mit Wasser löschen
verboten

Kein Trinkwasser

Gehörschutz
benutzen

Atemschutz
benutzen

Fußschutz
benutzen

Für Flurförderzeuge
verboten

Zutritt für Unbefugte
verboten

Berühren verboten

Handschutz
benutzen

Schutzkleidung
benutzen

Gesichtsschutz
benutzen

7.3 Transport von gefährlichen Gütern

Gefahrguttransporter sind durch eine orange Warntafel gekennzeichnet.

X 4 2 8

1 4 2 8

Die obere Zahl ist dabei die Gefahrennummer.

Bedeutungen der Ziffern

Ziffer	Bedeutung
2 3	**Entweichen von Gas durch Druck oder durch chemische Reaktion**
4	**Entzündbarkeit flüssiger Stoffe (Dämpfe) und Gase oder selbsterhitzungsfähiger flüssiger Stoff**
5 6	**Entzündbarkeit fester Stoffe oder selbsterhitzungsfähiger Stoff**
7	**Oxydierende (brandfördernde) Wirkung**
8	**Giftigkeit**
9	**Radioaktiv**
	Ätzwirkung
	Gefahr einer spontanen heftigen Reaktion

Besonderheiten:

X   **Der Stoff reagiert in gefährlicher Weise mit Wasser**
O   **wird angefügt, wenn keine zusätzliche Gefahr besteht**

Die Verdopplung einer Ziffer weist auf die Zunahme der entsprechenden Gefahr hin.

Die untere Zahl ist die Stoffnummer. Mit ihr kann in Nachschlagewerken genaueres über den Stoff erfahren werden.

8. Gerätekunde

8.1 Standrohr

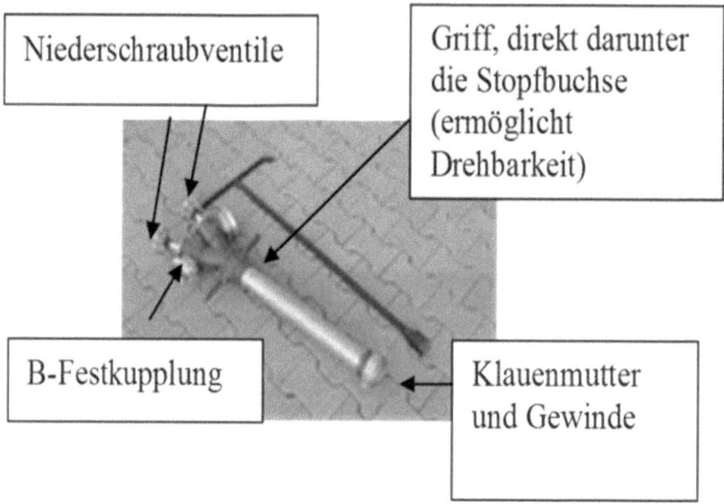

8.2 Verteiler

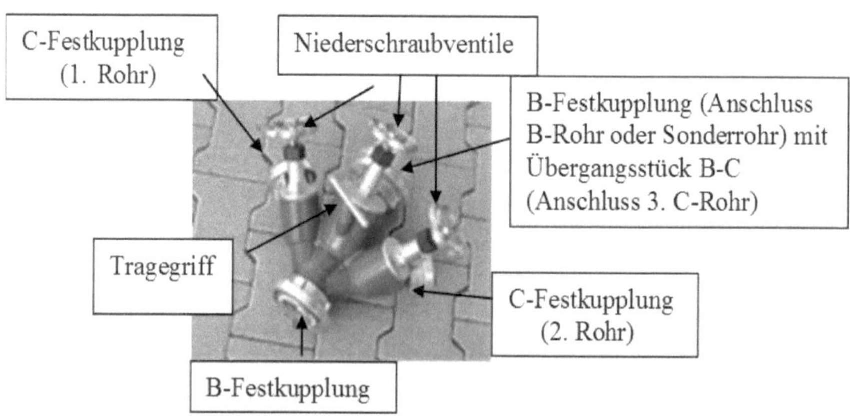

8.3 Mehrzweckrohr (B,C, D)

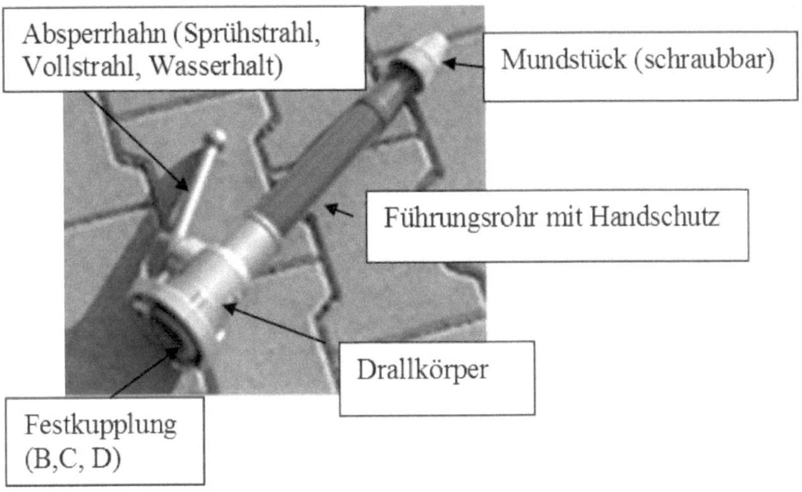

8.4 Stützkrümmer am B - Strahlrohr

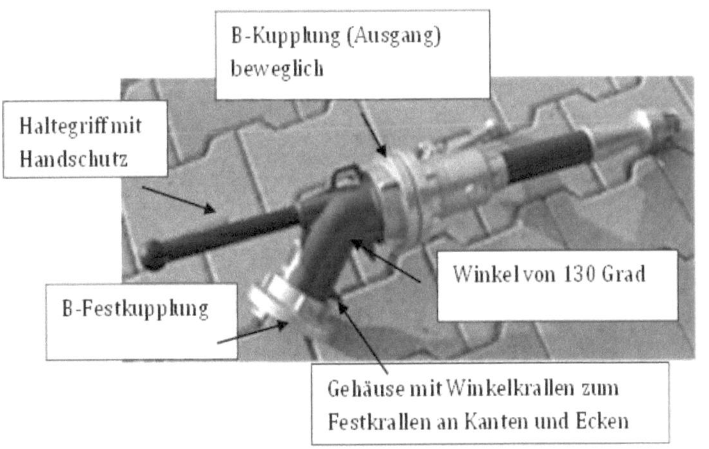

8.5 Gerätememory

	A-Saugschlauch	Formstabiler Schlauch beim Ansaugen
	Saugkorb	Verschlussventil bei der Ansaugleitung und Schmutzschutz
	Standrohr und Standrohrschlüssel	Zur Wasserentnahme vom Unterflurhydrant
	Sammelstück	Pumpeneingangsstück bei der Wasserentnahme vom Hydranten
	Tragkraft-spritzenpumpe	Pumpe zum Ansaugen und Drücken von Wasser
	B und C Druckschläuche	Schläuche zum Wassertransport
	Schnellangriff	Formstabiler Schlauch zum Einsatz bei Klein- und Entstehungsbränden

	Verteiler	Verteilt den Wasserfluss an der Einsatzstelle
	Zumischer	Mischt Wasser mit Schaummittel
	Schwer- und Mittelschaumrohr	Mischt Wasser-Schaummittel-gemisch mit Luft
	C-Mehrzweckstrahlrohr	Strahlrohr mit einem Durchfluss von 100 bzw. 200 Liter / Minute
	B- Strahlrohr mit Stützkrümmer	Strahlrohr mit einem Durchfluss von 400 bzw. 800 Liter / Minute und Arbeitserleichter-ungsamatur

	Hohlstrahlrohr	Strahlrohr für den Einsatz im Innenangriff
	Stromerzeuger	Gerät zur Erzeugung von elektrischer Energie
	Steckleiter	Leiter die aus mehreren Teilen zusammengesteckt werden kann
	Hydraulische Schere und Spreizer	Rettungsgerät zur technischen Hilfe
	Flutlichtstrahler mit Stativ	Beleuchtungsgerät zum Ausleuchten von Einsatzstellen

	Handscheinwerfer	Beleuchtung für die Einsatzkraft
	Feuerwehrleine	Leine zur Absicherung von Abstürzen
	Mehrzweckleine	Leine zur Befestigung von Geräten. Nicht zur Menschenrettung geeignet
	Druckminderer	Ein Ventil, das starke Druckschwankungen auffängt, indem es einen Überdruck entweichen lässt
	Atemschutzgerät	Ausrüstung zum Schutz von Atemgiften

	Überdrucklüfter	Ein Ventillator drückt Frischluft in verqualmte Räume
	Kettensäge	Motorbetriebene Säge zum zertrennen von Holz
	Verkehrsleitkegel	Kegelförmiges Absicherungsmaterial zum Schutz vor dem fließenden Verkehr mit reflektierenden Eigenschaften

9. Fahrzeugkunde

Feuerwehrfahrzeuge transportieren die *Mannschaft*, die *feuerwehrtechnische Beladung* (Geräte) und *Lösch- und Einsatzmittel* (Verbrauchsmaterial, z.B. Schaummittel, Wasser etc.).

Die Fahrzeuge werden nach der <u>Mannschaft</u> und der <u>Normung</u>, die die feuerwehrtechnische Beladung und die Lösch- und Einsatzmittel festlegen, unterschieden.

Bei der Mannschaft wird unterschieden in
- Truppbesatzung
- Staffelbesatzung und
- Gruppenbesatzung

Bei der Normung orientiert man sich an den Arbeitsbereichen:
- Löschfahrzeuge,
- Rüst- und Gerätefahrzeuge,
- Hubrettungsfahrzeuge,
- Krankenkraftfahrzeuge,
- Gerätefahrzeuge – Gefahrgut,
- Mannschaftstransportfahrzeuge,
- Einsatzleitfahrzeuge,
- Nachschubfahrzeuge,
- sonstige Fahrzeuge

10. Gefahren erkennen und Unfälle vermeiden

10.1 Gefahren der Einsatzstelle

Viele Gefahren können bei einer Übung oder einem Einsatz zu Unfällen führen. Aus diesem Grund ist es wichtig, Gefahren frühzeitig zu erkennen, um mögliche Unfälle zu vermeiden.

Besonders häufige Gefahren werden zusammengefasst in: „Die Gefahren der Einsatzstelle".

Es gibt dabei vier A – Gefahren, eine C- Gefahr und vier E – Gefahren:

A	Ausbreitung
A	Angst
A	Atomare Gefahren
A	Atemgifte
C	Chemische Gefahren
E	Erkrankung
E	Explosion
E	Einsturz
E	Elektrizität

10.2 Persönliche Schutzausrüstung

Die persönliche Schutzausrüstung schützt jede Einsatzkraft vor Gefahren. Jede Einsatzkraft ist verpflichtet sie zu Übungen und Einsätzen ordnungsgemäß zu tragen und auf die Pflege zu achten.

Auch Mitglieder der Jugendfeuerwehr sind beim Üben zum Tragen der persönlichen Schutzausrüstung verpflichtet.

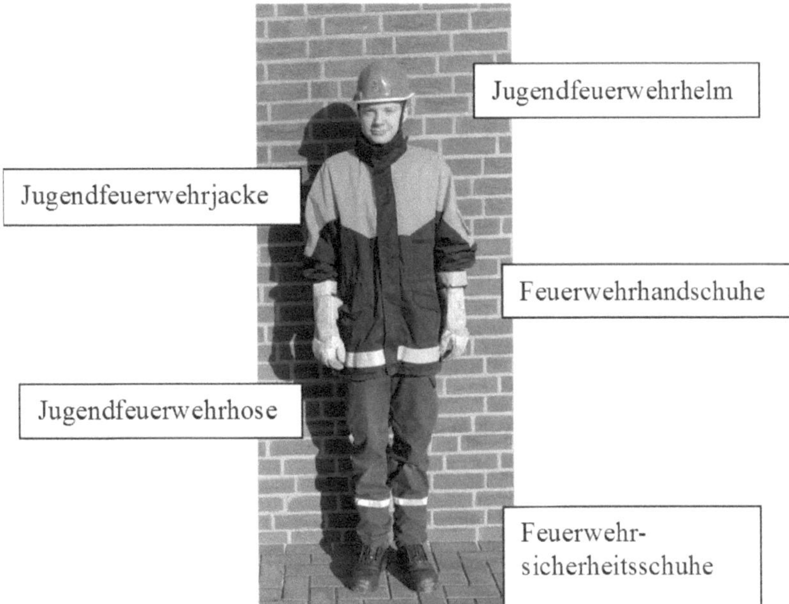

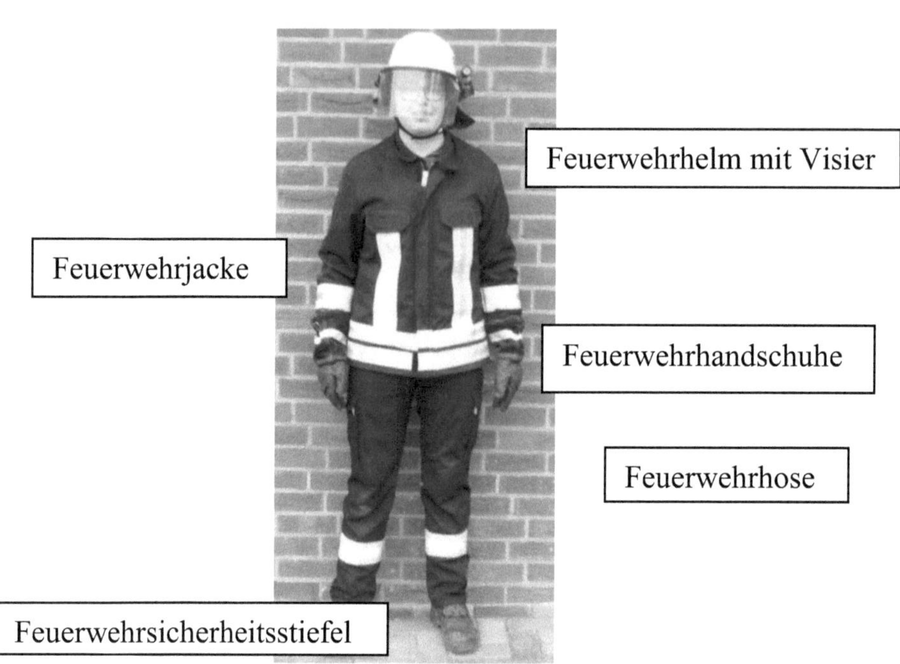

Feuerwehrhelm mit Visier
Feuerwehrjacke
Feuerwehrhandschuhe
Feuerwehrhose
Feuerwehrsicherheitsstiefel

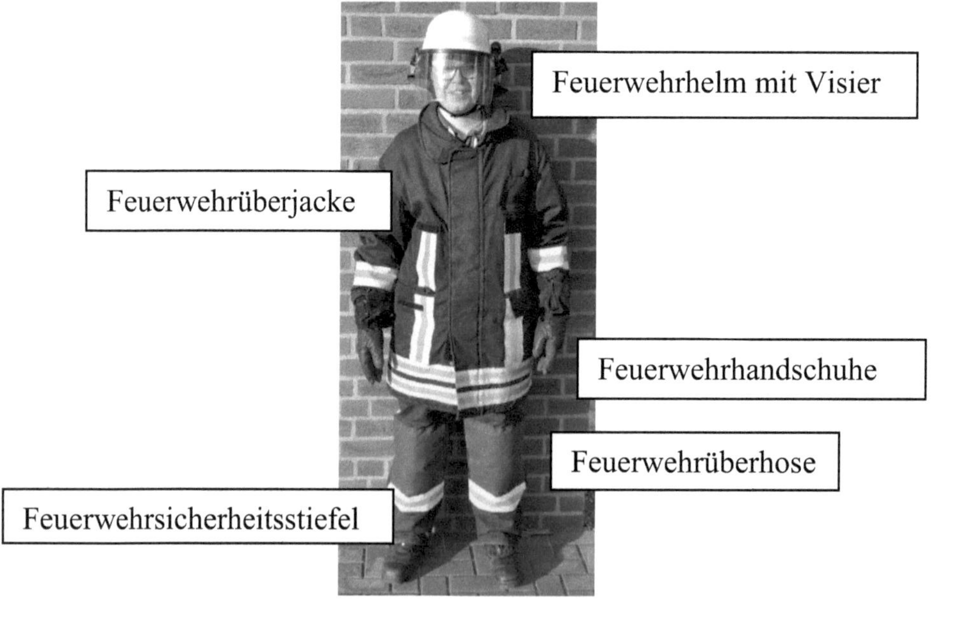

Feuerwehrhelm mit Visier
Feuerwehrüberjacke
Feuerwehrhandschuhe
Feuerwehrüberhose
Feuerwehrsicherheitsstiefel

10.3 Wenn doch einmal ein Unfall passiert.

Unfälle, während der Dienstzeit (Hin- und Rückweg, Übung, Besprechung, Einsatz, etc.) sind über die Unfallkasse versichert.

Jeder Unfall bei der Jugendfeuerwehr muss dem Jugendfeuerwehrwart oder dem stellvertretenden Jugendfeuerwehrwart gemeldet werden.

Beim Arztbesuch muss der Arzt darüber informiert werden, dass es sich um einen Dienstunfall handelt.

11. Einführung in Rechtsgrundlagen

In einem Rechtsstaat sind alle wichtigen Angelegenheiten gesetzlich geregelt.

Grundgesetz

Das Grundgesetz ist das wichtigste Gesetz in Deutschland.
Durch das Grundgesetz sind die Grundrechte eines jeden Menschen und die deutsche Rechtsstaatlichkeit gesichert.

Feuerwehrgesetz

Jedes Bundesland hat ein eigenes Gesetz für die Feuerwehr. Die Bezeichnungen dafür sind unterschiedlich. In NRW heißt es z.B.:

Gesetz über den Brandschutz, die Hilfeleistung und den Katastrophenschutz (BHKG)

Und in Bayern:

Bayrisches Feuerwehrgesetz

Die Inhalte der Gesetze ähneln sich. Die Gesetze regeln z.B. was genau eine Feuerwehr ist und wie eine Feuerwehr aufgebaut und organisiert ist. Meist werden auch die Aufgaben der Kostenträger (Kreise / Städte / Gemeinden) geregelt.

Dienstvorschriften

In den Feuerwehr-Dienstvorschriften (FwDV) werden die Arbeiten der Feuerwehr geregelt. Durch die Feuerwehr-Dienstvorschriften soll ein einheitlicher Standard in Deutschland erreicht werden.

Aktuell gibt es folgende Feuerwehr-Dienstvorschriften:

FwDV 1:	Grundtätigkeiten im Lösch- und Hilfeleistungseinsatz
FwDV 2:	Ausbildung bei der Freiwilligen Feuerwehr
FwDV 3:	Einheiten beim Lösch- und Hilfeleistungseinsatz
FwDV 7:	Atemschutz
FwDV 8:	Tauchen
FwDV 10:	Die tragbaren Leitern
FwDV 100:	Führung und Leitung im Einsatz
FwDV 500:	Einheiten im ABC-Einsatz

Außerdem gibt es die Dienstvorschrift
PDV/DV 810: Sprechfunken (nicht mehr gültig, aber noch in Anwendung)

In der Ausbildung der Jugendfeuerwehr beschäftigt ihr euch schwerpunktmäßig mit der FwDV 1 und FwDV 3.

Unfallverhütungsvorschriften
Die Unfallverhütungsvorschriften (UVV) sollen Unfälle verhindern, bzw. dabei helfen, dass Unfälle möglichst ohne größeren Schaden ablaufen.
Die Unfallverhütungsvorschriften sind bindend wie Gesetze!

Die einzige Ausnahme ist: Falls bei einer Menschenrettung, die Einhaltung der UVV, die Rettung von Menschen gefährden könnte, darf von der Unfallverhütungsvorschrift leicht abgewichen werden.

Befehle

Im konkreten Einsatz wird das Einsatzgeschehen über Befehle geregelt. Befehle müssen befolgt werden. Der Befehlsgeber trägt die Verantwortung für den Befehl.

12. Überprüfung des Erlernten

Kapitel 1
1. Was ist ein Feuer?
2. Worin besteht der Unterschied zwischen einem Nutzfeuer und einem Brand?

Kapitel 2
1. Was sind die vier Aufgaben der Feuerwehr?
2. Welche Feuerwehrarten gibt es?
3. Was heißt freiwillig bei der Freiwilligen Feuerwehr?

Kapitel 3
1. Welche Druckschläuche gibt es?
2. Was ist beim Vornehmen von Druckschläuchen zu beachten?
3. Worauf ist beim Zurückbauen von Druckschläuchen zu achten?
4. Welche Strahlrohre gibt es?
5. Worauf ist beim Schaumangriff zu achten?
6. Worauf ist beim Schnellangriff zu achten?
7. Worauf ist beim Einsatz von Feuerlöschern zu achten?
8. Worauf ist beim Einsatz von Leitern zu achten?
9. Trainiere alle Knoten und Stiche.

Kapitel 4
1. Welche Einheiten gibt es?
2. Aus wie vielen Personen bestehen die Einheiten?
3. Wie ist die Aufgabenverteilung in der Gruppe
4. Wie ist die Sitzordnung einer Gruppe auf dem Fahrzeug?
5. Welche Ordnung gilt beim Aufstellen hinter dem Fahrzeug?
6. Welche Einsatzgrundsätze kennst du?
7. Was beinhaltet ein Befehl?
8. Was versteht man unter Funkdisziplin?

Kapitel 6

1. Was besagt die Rettungskette?
2. Was sind Sofortmaßnahmen?
3. Wofür steht die Gabi-Regel?
4. Was gehört in jedem Notruf?
5. Wie funktioniert die Schocklage?
6. Wann darf eine Person nicht in die Schocklage gebracht werden?
7. Wie funktioniert ein Druckverband?
8. Was meint die „3 x 15 Regel"?
9. Wie funktioniert die Herz-Lungen Wiederbelebung?

Kapitel 7

1. Wo muss mit gefährlichen Stoffen gerechnet werden?
2. Welche Gefahrensymbole kennst du?

Kapitel 9

1. Was transportiert ein Feuerwehrfahrzeug?
2. Woran werden Fahrzeuge unterschieden?

Kapitel 10

1. Was sind die Gefahren der Einsatzstelle?
2. Welche Ausrüstung schützt uns wie vor Gefahren?
3. Wer ist zu informieren, wenn ein Unfall bei der Jugendfeuerwehr passiert ist?

Kapitel 11

1. Was ist die FWDV 1?
2. Was ist die FWDV 3?
3. Wofür steht UVV?

Danke
Danke allen, die bei dem Projekt unterstützt haben.
Insbesondere:

Günter Paulzen
Jens Buchkremer
Marius Palmen
Lars Sentis
Oliver Thelen
Marc Melchers
Jürgen Thönissen
Alexander Jütten
Sebastian Jansen
Samira Latour
Daniel Esser

Der gesamte Gewinn dieses Buchprojekts ist für die
Jugendfeuerwehr Gangelt.